ENRICO SIGURTÀ

AUMENTARE LA CONCENTRAZIONE

Come Focalizzare e Concentrare la Tua Mente per Potenziare i Tuoi Risultati

Titolo

"AUMENTARE LA CONCENTRAZIONE"

Autore

Enrico Sigurtà

Editore

Bruno Editore

Sito internet

http://www.brunoeditore.it

Tutti i diritti sono riservati a norma di legge. Nessuna parte di questo libro può essere riprodotta con alcun mezzo senza l'autorizzazione scritta dell'Autore e dell'Editore. È espressamente vietato trasmettere ad altri il presente libro, né in formato cartaceo né elettronico, né per denaro né a titolo gratuito. Le strategie riportate in questo libro sono frutto di anni di studi e specializzazioni, quindi non è garantito il raggiungimento dei medesimi risultati di crescita personale o professionale. Il lettore si assume piena responsabilità delle proprie scelte, consapevole dei rischi connessi a qualsiasi forma di esercizio. Il libro ha esclusivamente scopo formativo.

Sommario

Introduzione   pag. 5
Capitolo 1: Come trovare la giusta motivazione   pag. 7
Capitolo 2: Come mantenere la tua concentrazione   pag. 25
Capitolo 3: Come allenare la concentrazione   pag. 41
Conclusione   pag. 60

Introduzione

Ciao e grazie per aver scelto di investire in questo corso. In queste pagine scoprirai tecniche e strategie per mantenere attiva la tua concentrazione. In questa società, in cui tutto è veloce e siamo costantemente bombardati da informazioni e novità, abbiamo disimparato la semplice e importantissima abilità della concentrazione.

Senza la giusta attenzione farai fatica a ottenere quello che vuoi dalla vita. Non solo! Senza concentrazione non riuscirai a goderti i piaceri della vita. Sembra un controsenso, però la concentrazione è una forma di libertà.

Noterai che più imparerai a stare concentrato, più rapidamente completerai i tuoi compiti e i tuoi progetti. E più rapidamente completerai queste cose, più tempo libero avrai in seguito. Nel primo capitolo scoprirai come trovare la giusta motivazione ogni volta che lo desideri. In questo modo ti sarà molto più semplice trovare la concentrazione. Nel secondo capitolo imparerai i segreti per mantenere la concentrazione. Infatti, è molto facile trovare la concentrazione, ma per mantenerla servono impegno, costanza e le giuste strategie.

Nel terzo capitolo scoprirai metodi efficaci e alla portata di tutti che ti permetteranno di allungare i tempi della tua attenzione. In questo modo, man mano che farai uso delle strategie contenute in questo corso, diventerà sempre più facile per te concentrarti.

Arriverai al punto in cui trovare la giusta concentrazione sarà un'attività immediata, che ti aiuterà a ottenere sempre più risultati nella vita. Per ricevere strategie aggiuntive ti consiglio di iscriverti alla mia newsletter gratuita sul portale I Segreti dei Geni. Grazie ancora per aver investito in questo corso e buon lavoro.

Enrico Sigurtà

CAPITOLO 1:
Come trovare la giusta motivazione

Il modo più facile e veloce per trovare la concentrazione è essere motivati. Se sei *motivato*, sarai anche concentrato. Ti ricordi l'ultima volta in cui stavi facendo qualcosa ed eri completamente assorbito? Non c'era niente in grado di distrarti. Non importa se era un'attività lavorativa o un momento di svago.

Quello che importa, è il fatto che fossi concentrato e motivato. Trovando la giusta motivazione, automaticamente sarai più concentrato nello svolgere i tuoi compiti e, di conseguenza, li porterai a termine molto più rapidamente e con risultati migliori.

Questo perché le tue energie saranno tutte indirizzate in un'unica direzione. Viceversa, chi è poco concentrato, utilizza in maniera dispersiva le proprie energie. **Trova i tuoi perché**. Prima di tutto pensa a cosa vuoi fare. Lavorare a un progetto? Passare due ore spensierate con i tuoi figli? Vuoi rilassarti? Vuoi studiare qualcosa? Per tutte queste attività serve concentrazione. Dietro ognuna di queste c'è una motivazione. Più è piccola la motivazione, più sarà difficile concentrarsi. Ti faccio un esempio: se vuoi rilassarti, ma non sei realmente motivato, non riuscirai a rilassarti completamente.

La tua testa sarà piena di pensieri e tu non vedrai l'ora di finire il rilassamento per passare all'attività successiva. Può addirittura capitare che il tuo momento di rilassamento diventi un momento stressante durante il quale provi disagio e senso di colpa perché pensi di dover fare qualcos'altro. Quindi, prima di svolgere un'attività, scrivi *perché* vuoi svolgerla. Scrivi tutte le motivazioni, senza lasciarne indietro nessuna.

È molto importante che tu scriva le motivazioni e non ti limiti a pensarle. Scrivendole diventeranno più chiare nella tua mente e ti spingeranno ancora di più ad agire rimanendo concentrato al 100%. Più metterai in pratica gli esercizi di questo corso, meno sarà necessario per te scrivere le tue motivazioni. All'inizio però è indispensabile che tu lo faccia sempre. Come vedrai tu stesso, i benefici saranno tantissimi.

SEGRETO n. 1: trova la tua motivazione. Così facendo riuscirai a stare concentrato con molta più facilità e, con la giusta motivazione, riuscirai a orientare meglio le tue energie.

Guerra di motivazioni

Quando si tratta di decidere quali attività svolgere, potrebbe entrare in gioco una sorta di "guerra di motivazioni". Per esempio potresti volere passare del tempo con i tuoi figli, ma al tempo stesso vorresti lavorare a un progetto molto importante che può comportare un salto per la tua carriera. Ovviamente non puoi fare entrambe le cose contemporaneamente, per cui devi decidere cosa fare prima e cosa dopo.

Il problema è che se decidi di passare del tempo con i tuoi figli avrai il rimorso di non aver svolto il progetto. Viceversa, se hai deciso di svolgere il progetto, avrai il rimorso di non aver passato del tempo con i tuoi figli.

Come puoi decidere quale attività è da svolgere e quale no? Inizia a scrivere le motivazioni che ti spingono a svolgere l'una e l'altra attività. Scrivile sullo stesso foglio, in colonne separate. Una volta scritte tutte le motivazioni, guarda quale delle due attività è più motivante. Potresti renderti conto che non sei obbligato a lavorare subito al progetto, oppure che puoi stare con i tuoi figli dopo averlo portato a termine.

Una volta scelta l'attività più motivante, decidi di non pensare all'altra finché non hai portato a termine la prima. Quindi, se vedi che lavorare al progetto è più motivante, decidi di non pensare a stare con i figli finché non hai portato a termine questa prima attività.

SEGRETO n. 2: affronta la guerra delle motivazioni scegliendo quale, tra le attività che vuoi svolgere, è più motivante e più importante per te.

Ci tengo a evidenziare l'importanza di questo esercizio. Come capirai più avanti, quando parleremo della zona grigia, è estremamente importate rimanere focalizzati su una sola attività alla volta. Solo così riuscirai a dare il meglio e a portare a termine i lavori più importanti. Dato che il conflitto delle motivazioni può continuare nella tua mente anche dopo aver fatto l'esercizio, ti consiglio di tenere sempre al tuo fianco il foglio con le tue motivazioni.

SEGRETO n. 3: tieni sempre al tuo fianco il foglio su cui scrivi le tue motivazioni. In questo modo, ogni volta che avrai la tentazione di distrarti o di iniziare un'altra attività, riprenderai rapidamente la tua concentrazione.

Multitasking e concentrazione
In inglese *multitasking* significa "svolgere più attività nello stesso momento". Purtroppo in italiano non sembra esistere una parola univoca per identificare questo comportamento. Quindi, durante questo corso, parleremo sempre di multitasking. Nella nostra società sembra essere quasi un obbligo svolgere più attività alla volta.

Internet ad esempio, con tutti i suoi social media e i suoi giochi, ci spinge a comportarci in questa modo. Lo stesso vale per i telefoni cellulari, con tutte le loro applicazioni.

Un'altra forma di multitasking è lo zapping. Quante volte,

guardando la televisione, hai furiosamente cambiato canale solo per evitare la pubblicità? Anche questa è una forma di multitasking, ma di carattere puramente psicologico. Cosa significa? Che nel momento in cui inizi a cambiare i canali, sposti continuamente la tua attenzione e il tuo pensiero su programmi diversi.

Sia chiaro, il mio non vuole essere un attacco alla tecnologia. Io amo la tecnologia e credo molto nelle sue potenzialità, è un valido strumento per migliorare il mondo. Ma il continuo aggiungere strumenti di cui non abbiamo realmente bisogno ci sta complicando la vita anziché migliorarla.

È dimostrato che le persone che fanno multitasking ottengono molto di meno e faticano molto di più. Inoltre questo tipo di operazione provoca una riduzione generale delle abilità mentali e del quoziente intellettivo (nel mio corso *AllenaMente* ho spiegato anche le conseguenze negative di tutto ciò). In più finirai per essere stressato, perché ti vedrai impegnato in tante cose senza ottenere i risultati sperati.

Quindi, se devi svolgere dieci attività diverse, sarà molto più veloce ed efficace completarne una alla volta, piuttosto che iniziarne una, saltare alla seconda, poi passare alla terza, ritornare alla prima, e così via.

Il multitasking è come una droga: più lo facciamo, più lo faremo. Per un motivo molto semplice: ci illude che stiamo facendo molte cose e che quindi siamo persone "impegnate" (facci caso, suona bene dire agli altri che siamo *"persone impegnate"* perché ci fa sentire utili e importanti. Purtroppo essere impegnato non significa necessariamente essere produttivo).

Più prendi questa droga, più ne hai bisogno, perché senti la crescente necessità di fare molte cose. Per farti un esempio, ho un amico che ha comprato tre telefoni cellulari. Uno per le chiamate di famiglia e amici, uno per le chiamate di lavoro e uno per leggere le email quando non è al computer.

Ogni volta che sta usando uno dei telefoni e un altro suona, entra in agitazione perché non sa se deve chiudere la chiamata o lasciarlo suonare. In più, è talmente preoccupato per le sue email, che controlla se ne sono arrivate nuove persino quando è al bagno. Pensa: una persona così, quanto riesce a concentrarsi e quanto stress accumula nel corso della giornata?

Il multitasking è anche un killer per la tua motivazione. Stai dando la priorità alla motivazione del *farti vedere impegnato*, indebolendo automaticamente tutte le motivazioni che riguardano le tue attività che sono le motivazioni realmente importanti.

SEGRETO n. 4: abbandona per sempre il bisogno di sentirti impegnato. È ciò che ti spinge a svolgere troppe attività contemporaneamente. E questo è il killer numero uno della tua concentrazione.

La cura per il multitasking
Se sei una di quelle persone abituate a fare multitasking, è importante che tu faccia l'esercizio che sto per proporti con una costanza ferrea. Ricordati che più fai multitasking, più disimpari a stare concentrato. Una volta alla settimana, fai un elenco di tutte le cose che ti spingono a svolgere più attività

contemporaneamente. Alcuni esempi:
- organizzazione del tuo ufficio;
- organizzazione del tuo computer;
- numero di telefoni cellulari, frequenza di utilizzo e applicazioni che utilizzi;
- organizzazione della tua casa e della tua auto;
- organizzazione dei tuoi orari.

Sono tante cose, ma vanno tutte analizzate. Una volta fatto l'elenco, inizia a eliminare tutte le distrazioni. Quando dico eliminare intendo *eliminare fisicamente* le distrazioni.

Per esempio, se hai attaccato al computer un gadget come una ventolina, uno scalda tazze o una lampada e noti che passi molto tempo a giocherellarci, regalalo a qualcuno o buttalo via.

Non limitarti a nasconderlo in un armadio, altrimenti un giorno o l'altro lo tirerai fuori di nuovo e ricomincerà a distrarti. Elimina dal computer tutte le applicazioni che non sono strettamente necessarie e dal menu *preferiti/segnalibri* tutti i siti che non ti servono. Se la tua scrivania è in disordine, riordinala ed elimina le cose che possono distrarti. Ho visto la foto, qualche tempo fa, della scrivania di un appassionato di Apple. Sulla scrivania aveva un Mac, un iPad, due iPhone e una tavoletta grafica.

Il proprietario di quella scrivania è un disegnatore. Di tutte le cose che aveva sulla scrivania, solo il computer e la tavoletta erano realmente necessarie. Il resto era solo una grandissima fonte di distrazione. Dato però che quegli oggetti erano comunque utili per altre occasioni, avrebbe semplicemente dovuto prenderli e spostarli in un'altra stanza.

Se la causa della tua distrazione sono invece le persone, non puoi certo eliminarle fisicamente. Puoi però stabilire dei limiti e decidere che in certi orari nessuno possa venirti a disturbare per nessun motivo. Delimita questi confini e falli conoscere alle persone. Se non vogliono accettarli, fagli capire che sono importanti, per te e per il vostro rapporto di lavoro.

Se quella persona viene a interromperti mentre sei concentrato, tu tenderai a risponderle in malo modo, incrinando la relazione che vi lega.

Non avere paura di eliminare qualcosa perché un domani potrebbe servirti e non avere paura di delineare dei confini per paura che le persone non ti amino più. Io stesso in passato non volevo buttare via niente perché pensavo: «E se mi dovesse servire?». La verità è che non ho mai più sentito necessità di utilizzare le cose che ho eliminato.

E per quanto riguarda i confini da me delineati non ho mai avuto un singolo litigio. Del resto, le uniche persone che rifiuteranno di accettare le tue condizioni saranno quelle approfittatrici che non vogliono portarti rispetto. Ossia quelle persone che ti considerano solo quando è comodo per loro. E persone così è sempre meglio perderle.

Fai questo esercizio ogni settimana. In un primo momento ti sembrerà difficile e forse eliminerai pochissime cose. Ma, dopo un paio di settimane, inizierai veramente a eliminare tutti gli ostacoli che si contrappongono tra te e la tua concentrazione.

Dopo che avrai ripetuto settimanalmente questo esercizio per un paio di mesi, ti sentirai veramente più leggero e rilassato. Passati i due mesi, puoi iniziare a fare questo esercizio mensilmente. Io stesso, ogni mese, ripeto questo esercizio. E posso garantirti che ogni volta trovo qualcosa di nuovo da eliminare.

Un altro vantaggio di questo esercizio
Un altro notevole vantaggio di questo esercizio è il denaro che risparmierai a lungo termine. Molte delle tue distrazioni sono oggetti che acquisti pensando possano tornarti utili. Oggetti che però, dopo qualche tempo, si rivelano superflui.

Ripetendo questo esercizio insegnerai alla tua mente a capire subito quali oggetti possono rivelarsi solo un acquisto inutile, quali non ti servono al momento e quali, invece, sono realmente utili.

Con questo modo di pensare sono riuscito a risparmiare un sacco di soldi senza sentire il senso di colpa di chi rinuncia a qualcosa perché deve.

SEGRETO n. 5: elimina, settimanalmente prima e mensilmente poi, tutto ciò che crea distrazioni nella tua vita.

Impegnati, di volta in volta, a trovare nuove fonti di distrazione ed eliminale.

Involuzione mentale

Colgo l'occasione, dato che si è parlato di multitasking, per parlare della concentrazione nei bambini. Fin da piccoli veniamo rimproverati perché non siamo capaci di restare concentrati sui compiti o sulla lezione. Questa mancanza di attenzione è una condizione normale. Non perché i bambini non siano capaci di stare concentrati (del resto, quando i bambini giocano, sono dei maestri di concentrazione), ma perché gli insegnanti sono completamente incapaci di coinvolgere i propri alunni nelle lezioni. Sono gli stessi insegnanti che, per non ammettere la loro incapacità, sventolano forsennatamente le bandiere della mancanza di disciplina e del D.D.A.I. (Deficit D'Attenzione e Iperattività).

La capacità di rimanere concentrati è un'abilità che, in teoria, si sviluppa e rafforza crescendo. E, nei paesi definiti "primitivi", tutto ciò avviene normalmente. Nella nostra società invece questa crescita è quasi del tutto assente. Gli insegnanti, capaci solo di rimproverare senza ammettere le proprie incompetenze, e il sistema scolastico, non concepito per educare ma solo per indottrinare, creano condizioni negative per la concentrazione.

Dato che vengono create associazioni mentali negative, proviamo ribrezzo all'idea di concentrarci per svolgere un compito. Il nostro inconscio assimila questo odio e ci spinge sempre più a mettere in atto comportamenti di multitasking.

Se vuoi saperne di più su come il sistema scolastico moderno è solo indottrinante e non adatto alla crescita e all'educazione dei bambini, ti consiglio [questo bellissimo articolo](#) scritto dal mio amico Gennaro Romagnoli.

Ri-evoluzione mentale
Come fare per educare la tua mente ad apprezzare la concentrazione, eliminando le associazioni negative create dalla scuola?

Sin dai primi del Novecento, grazie agli studi comportamentisti di numerosi psicologi (tra cui Watson, ispirato da Pavlov, e Skinner), si è visto come l'associazione di stimoli positivi a un'azione aumenti il ripetersi dell'azione stessa.

Cosa significa questo, in termini semplici? Se associ un ricordo positivo alla concentrazione, ti verrà più facile in futuro concentrarti di nuovo. Più associazioni positive crei attorno alla concentrazione, più spontaneamente troverai la giusta motivazione e inizierai a concentrarti. Se ci pensi, questo processo è esattamente l'opposto di quello che hanno attuato i tuoi insegnanti quando eri piccolo. Quando eri piccolo, hai creato con la concentrazione molte associazioni negative. Per questo ti viene più facile fare multitasking.

Come fare per associare positività alla concentrazione? Molto semplice: premiati. Alla fine della giornata, se hai seguito con impegno e costanza i metodi spiegati in questo corso, datti un piccolo premio. Non deve essere nulla di costoso. Può essere qualcosa di semplice come fare un bagno caldo. Oppure qualcosa di piacevole come guardare un film.

Mentre ti godi il tuo premio, ricorda sempre che te lo sei guadagnato. E, cosa più importante, ricorda come te lo sei guadagnato.

So bene che l'idea di darsi dei premi può sembrare banale e

scontata. Ti invito a ricrederti. Nella mia vita questo semplicissimo accorgimento ha fatto la differenza in tutti gli ambiti. Mi ha spinto sempre a migliorarmi e a dare il meglio, anche quando ero troppo stanco o troppo annoiato e, a distanza di anni, posso dirti senza alcun dubbio che questa strategia è responsabile della maggior parte dei miei successi. Ti invito quindi a prenderla seriamente in considerazione e ad applicarla alla fine di quelle giornate in cui ti sei dato da fare e hai perseguito i suggerimenti contenuti in questo corso.

La concentrazione nei bambini
Le tecniche che impari durante questo corso sono adatte anche ai bambini. Se sei un genitore e vuoi che i tuoi figli sviluppino la concentrazione, è importante che sia tu il primo a coinvolgerli.

La scuola sicuramente non lo farà. Anzi, come hai visto, la scuola farà grossissimi danni. I tuoi figli, d'altro canto, non avranno la stessa lungimiranza e la saggezza che hai maturato nel corso degli anni. Per questo spetta a te il compito di prendere l'iniziativa e aiutarli a sviluppare la concentrazione.

Come? Aiutali nello studio. Mettiti al loro fianco e digli cosa devono fare: come fare per trovare la giusta motivazione, come riuscire a rimanere concentrati, e via dicendo. Praticamente gli spiegherai le stesse cose che sto spiegando io a te in questo momento. Sii paziente quando lo fai. Sei lì per aiutarli a scoprire un metodo migliore, non per imporglielo.

È importante che sia tu a spiegare loro cosa fare. Se fai come molti genitori moderni e ti limiti a passargli il corso dicendo loro di leggerlo, non sarai diverso dagli insegnanti che stanno facendo disimparare ai tuoi figli l'arte della concentrazione. Il corso verrà preso, i tuoi figli ti diranno che lo guarderanno, dentro di loro penseranno «Altri compiti? Non mi bastavano quelli della scuola?» e non apprenderanno mai seriamente queste tecniche.

RIEPILOGO DEL CAPITOLO 1:

- SEGRETO n. 1: Trova la tua motivazione. Così facendo riuscirai a stare concentrato con molta più facilità e, con la giusta motivazione, riuscirai a orientare meglio le tue energie.
- SEGRETO n. 2: Affronta la guerra delle motivazioni scegliendo quale, tra le attività che vuoi svolgere, è più motivante e più importante per te.
- SEGRETO n. 3: Tieni sempre al tuo fianco il foglio su cui scrivi le tue motivazioni. In questo modo, ogni volta che avrai la tentazione di distrarti o iniziare un'altra attività, riprenderai rapidamente la tua concentrazione.
- SEGRETO n. 4: Abbandona per sempre il bisogno di sentirti impegnato. È ciò che ti spinge a svolgere troppe attività contemporaneamente. E questo è il killer numero uno della tua concentrazione.
- SEGRETO n. 5: Elimina, settimanalmente prima e mensilmente poi, tutto ciò che crea distrazioni nella tua vita. Impegnati, di volta in volta, a trovare nuove fonti di distrazione ed eliminale.

CAPITOLO 2:
Come mantenere la tua concentrazione

Nel primo capitolo hai visto come trovare la giusta motivazione e come eliminare gli elementi di distrazione. Adesso è arrivato il momento di trovare rapidamente la concertazione e di mantenerla a lungo termine. Iniziare a concentrati è veramente facile: inizia l'attività per cui hai trovato la motivazione.

Tutto qui. Nei primi due o tre minuti sarai assolutamente concentrato, soprattutto se hai svolto bene l'esercizio della motivazione. Dopo di che inizierai a entrare e uscire dalla zona grigia.

La zona grigia
La *zona grigia* è una zona in cui tutti, bene o male, siamo abituati a entrare. Questa zona grigia altro non è che uno spazio mentale in cui i tuoi pensieri iniziano a vagare, deconcentrandoti. È quella zona che ti impedisce di goderti a pieno i momenti positivi della

vita e che ti distrae dal lavoro.

Ti è mai capitato di essere al lavoro o a scuola e di pensare al fine settimana? Oppure di essere in vacanza e pensare con agitazione al lavoro? Oppure, mentre studiavi, ti è mai venuto l'impellente bisogno di andare a prendere uno spuntino? Questa è la zona grigia: pensieri non inerenti a ciò che stai facendo che invadono la tua mente.

Tutti noi abbiamo sperimentato questa zona. Anche quando siamo molto motivati, rischiamo di entrarci. Questo perché siamo abituati a farlo e perché la società ci ha programmato per il multitasking.

Soprattutto ci ha preparato al multitasking mentale. Non a caso la zona grigia è a tutti gli effetti una forma di multitasking, la forma più infida e invisibile, ma anche quella più dannosa per la tua concentrazione.

SEGRETO n. 6: la zona grigia è una forma di multitasking molto sottile ed estremamente dannosa. È quella zona mentale

che ti impedisce di rimanere concentrato su una singola attività.

Come riconoscere la zona grigia
In questo momento, mentre stai leggendo queste parole, a cosa stai pensando? Stai pensando a come migliorare la tua concentrazione o a qualcos'altro?

Se stai pensando a come migliorare la tua concentrazione benissimo, sei concentrato. Se stai pensando a qualcos'altro, sei nella zona grigia. Non stai seguendo questo corso con la massima attenzione. Adesso che ti ho fatto notare questa cosa, la tua mente è sicuramente ritornata a seguire le mie parole.

Riconoscere la zona grigia è molto semplice: stai pensando solo ed esclusivamente all'attività che stai svolgendo? Oppure stai pensando ad altro? Quando dico pensare solo ed esclusivamente all'attività che stai svolgendo, intendo dire che nella tua mente non c'è assolutamente nessun altro pensiero.

Molte volte entriamo e usciamo rapidamente dalla zona grigia.

Per un attimo, pensiamo all'attività che stiamo svolgendo, l'attimo dopo alle vacanze, poi di nuovo all'attività, poi alla serata incombente e così via.

Se vuoi essere realmente concentrato, e quindi produttivo, non devono esserci altri pensieri. È più facile a dirsi che a farsi, me ne rendo conto. Ma ci sono tre esercizi che puoi fare per eliminare, gradualmente, la zona grigia dalla tua vita. Ovviamente questi esercizi, per portarti risultati, devono essere svolti con costanza e impegno.

SEGRETO n. 7: impara a riconoscere quando la tua mente entra nella zona grigia. Con un po' di pratica, vedrai che diventerà una cosa molto facile.

Primo esercizio: autoipnosi

Il primo esercizio altro non è che un modo molto semplice per sfruttare l'autoipnosi, come una sveglia per uscire dalla zona grigia. Inizia a scegliere una parola. Questa parola ti servirà come sveglia per uscire dalla zona grigia e tornare concentrato. Ad esempio puoi scegliere la parola *Concentrato!* oppure *Whooo* oppure *Sveglia*!

Scegli la parola che preferisci. Quello che importa non è il significato della parola, ma l'uso che ne farai. La parola che sceglierai dovrà essere una parola che rievoca sensazioni per te positive e di forza. Non tutti, infatti, associano positività alla parola *Concentrato*. È importante però che tu mantenga sempre questa parola. In questo modo la tua mente saprà che, ogni volta che usi quella parola, dovrà uscire dalla zona grigia e ritornare concentrata.

Poniamo che tu abbia scelto *Concentrato*. Adesso, ogni volta che ti accorgi di entrare nella zona grigia, semplicemente pensa alla parola *Concentrato*. Fai in modo che questa risuoni con forza e sovrasti tutti i tuoi pensieri. Immagina di gridarla, se necessario.

Quel che conta è che tu impartisca a te stesso l'ordine di ritornare concentrato. Subito dopo l'ordine, ti sentirai come risvegliato da un sonno profondo. Questo è l'effetto della zona grigia: un effetto soporifero. D'altro canto la concentrazione ti farà sentire attivo e in vita.

Per questo, molto spesso, quando entriamo nella zona grigia diventiamo apatici. Perché, in un certo senso, ci stiamo addormentando e stiamo dimenticando di vivere dando il massimo di noi stessi.

SEGRETO n. 8: sfrutta il metodo della parola chiave, come una sveglia per uscire dalla zona grigia e ritornare concentrato. Poco per volta, questo metodo, diverrà completamente automatizzato nella tua mente.

Secondo esercizio: farfalle mentali
Hai mai sentito parlare dell'effetto farfalla? Una legge scientifica (la teoria del caos) viene generalmente parafrasata dicendo che «un battito d'ali di una farfalla è in grado di provocare un uragano dall'altra parte del mondo».

Questo significa dice che una piccola azione come il battito delle ali di una farfalla può dare il via a un effetto a catena che arriva fino alla creazione di qualcosa di imponente come un uragano. Così come queste cose avvengono nel mondo reale, possono avvenire anche nella tua mente quando entri nella zona grigia.

Quando ho scoperto questo concetto di zona grigia, ero appena uscito da un grosso litigio con alcuni amici.

Mi resi conto molto presto che ogni volta che ero concentrato bastava pensare anche solo al nome di uno dei miei amici per far sì che la mia mente si inondasse di pensieri riguardanti il litigio e il tradimento che avevo vissuto.

E quella montagna di pensieri non solo mi toglieva la concentrazione, ma addirittura mi impediva di uscire dalla zona grigia. I pensieri, infatti, erano troppi e non trovavo alcun modo per eliminarli se non aspettare che passasse qualche minuto.

Tutti noi abbiamo le nostre "farfalle mentali". Tanti piccoli pensieri che, appena presi in considerazione, rischiano di creare dei veri e propri uragani che ci impediscono di uscire dalla zona grigia. Queste farfalle creano un caos così elevato che nemmeno tutta la motivazione di questo mondo riesce a farti recuperare la concentrazione.

Quindi, piuttosto che cercare di eliminare le conseguenze create da una farfalla, è meglio prevenire ed eliminarle prima che possano fare danni.

Come eliminare una farfalla mentale
Analizza i tuoi pensieri degli ultimi giorni. Su cosa hai posto principalmente la tua attenzione? Quali sono stati i pensieri ricorrenti? È successo qualcosa di molto negativo o di molto positivo nella tua vita? Tutte queste sono potenziali farfalle mentali.

Scrivile su un pezzo di carta. Bada bene a scrivere le situazioni che ti hanno emozionato in modo negativo, e quelle che lo hanno fatto in modo positivo.

Infatti, molte farfalle mentali creano caos partendo da pensieri positivi. Ad esempio, se domani devi andare in vacanza e sei felicissimo, la tua mente sarà proiettata alla vacanza e non concentrata su ciò che devi fare al momento. Una volta che hai scritto tutte le possibili farfalle mentali, dedica un'ora di tempo per raggiungere uno stato di quiete con tutte queste cose.

Cosa significa? Significa che devi accettare il fatto che non serve a niente pensare a queste cose e che ogni pensiero che le riguarda può solo gravemente danneggiarti.

Apparentemente questo esercizio è facile, ma le prime volte fallirai quasi sicuramente. Questo perché è molto difficile stare in pace e smettere di pensare a tutte quelle cose che hanno avuto un grosso impatto sulla nostra vita. Se al primo colpo non riesci a stare in pace con i tuoi pensieri, lascia passare un giorno e dedica un'altra ora a questo esercizio.

Ripetendo più volte questo esercizio, la tua mente imparerà automaticamente a riconoscere le farfalle mentali e ti aiuterà a vivere in pace con questi pensieri molto più velocemente. Devi martellare con costanza queste tue farfalle mentali, se vuoi eliminarle dalla tua vita. E, purtroppo, ciò richiede tempo e impegno.

SEGRETO n. 9: impara a riconoscere le tue farfalle mentali e ad affrontarle. È la chiave per evitare la zona grigia molto più a lungo.

Una farfalla mentale molto comune

Durante i miei anni universitari mi sono reso conto che tutti gli studenti hanno una farfalla mentale che li accomuna. Una farfalla capace di vanificare tutte le ore di studio: la paura del fallimento. Oppure, nel caso di un esame universitario, è la paura di prendere un voto basso.

Questa paura scatena una forza incredibile nella mente. Questa forza, altamente distruttiva, ti impedisce di rimanere concentrato sullo studio inondando la tua mente di preoccupazioni, di domande e di dubbi. Dubbi come: «E se poi non ce la faccio?», «E se non dovessi ricordarmi niente?» oppure «E se mi dovesse chiedere proprio questa cosa?»

Come spiego nel mio corso *Dalla Paura al Coraggio*, i pensieri che iniziano per *e se*, sono in assoluto i più devastanti. Creano una spirale che ti trascina sempre più in basso nel mondo della paura e della zona grigia. E non sono rare le volte in cui una serie di *e se* hanno spinto una persona a rinunciare ai propri sogni e ambizioni. Per questo, quando lavori sulle farfalle mentali, tieni sempre a mente la paura.

Terzo esercizio: il timer

Prevedere tutti i possibili modi per entrare nella zona grigia è quasi impossibile. Ogni volta che elimini una farfalla mentale, c'è il rischio che se ne crei un'altra nella tua mente. Per questo motivo, il secondo esercizio, è in assoluto il più difficile di tutto il corso. Ma non temere: questo terzo esercizio ti aiuterà a superare la zona grigia molto rapidamente.

Quello di cui hai bisogno è un timer. Se utilizzi un computer, puoi utilizzare il timer gratuito yTimer. Se hai uno smartphone con Android o un iPhone, un iPod o un iPad, puoi trovare un timer nell'applicazione *Orologio*.

Se non hai uno smartphone, un tablet o non lavori al computer, procurati un timer da cucina. Se ne trovano anche a 20 euro. Non ti serve nulla di particolare, solo qualcosa in grado di fare un conto alla rovescia e, cosa importante, di emettere un suono quando scade il tempo.

Quindi, non hai nemmeno bisogno di qualcosa di digitale. Il buon vecchio timer da cucina della nonna è più che sufficiente ai nostri scopi. A questo punto stabilisci un intervallo di tempo durante il quale vuoi rimanere concentrato. L'intervallo deve essere di massimo 40 minuti (capirai il perché dei 40 minuti più avanti). Una volta stabilito l'intervallo, avvia il timer. Adesso, fino a che non senti il suono del timer, tu puoi pensare solo ed esclusivamente a ciò che devi fare.

Il suono del timer quindi diventa una sorta di interruttore che ti permette di accedere alla zona grigia. All'inizio potresti non farcela a compiere questo esercizio. Prova e riprova ogni giorno, per ogni tua attività. Vedrai che in poco tempo ingranerai e riuscirai a trasformare il timer nel tuo interruttore personale.

Io personalmente utilizzo questa tecnica del timer da diversi anni e non mi ha mai deluso. A forza di utilizzarlo ho notato un aumento vertiginoso della mia produttività. Tanto che adesso mi sembra inconcepibile lavorare senza il timer.

Perché il timer e non l'orologio?
Prendendo un timer, puoi lavorare fiducioso del fatto che lui suonerà allo scadere dei 40 minuti. Viceversa, un orologio, va

controllato ogni volta. Nel momento in cui guardi l'orologio entri nella zona grigia e perdi la concentrazione. In più potresti entrare in agitazione, perché non ti ricordi quando hai iniziato a contare o quanto manca. Meglio lasciar fare tutto a un timer, senza che tu debba pensare a nulla se non al tuo compito.

Ovviamente non devi guardare neanche il timer, ma devi semplicemente fidarti del fatto che appena scade il tempo, esso suonerà. Alla fine, il timer ha proprio questa utilità.

Per questo motivo, di tutti i timer che ho provato, io preferisco il mio smartphone o il mio iPod: perché con entrambi posso semplicemente avviare il conto alla rovescia, oscurare lo schermo e mettere l'apparecchio da parte, in modo che non mi distragga e che non mi venga la tentazione di guardare quanto tempo manca.

SEGRETO n. 10: utilizza il timer come strumento per accendere e spegnere la tua attenzione, eliminando così i pensieri e le preoccupazioni superflue dalla tua mente.

Il potere di adesso

Per concludere questo capitolo voglio lasciarti un piccolo consiglio. Se ne hai l'occasione, acquista il libro *Il Potere di Adesso* di Eckhart Tolle. Non è leggerissimo da leggere e, personalmente, trovo discutibile buona parte dei concetti *New Age* che descrive. Ma al tempo stesso esso descrive a fondo anche un concetto estremamente importante, quello di *vivere il momento.*

Posso assicurarti che in una società come la nostra, in cui è normale rimpiangere il passato e preoccuparsi per il futuro, applicare i contenuti del libro di Tolle è estremamente difficile. Ma è necessario! Vivere il momento significa pensare solo alle cose che stanno avvenendo *qui e ora*, non a cosa accadrà domani o a cosa è successo ieri. Ci si occupa solo del momento presente.

Spesso le persone, per raggiungere questo stato, utilizzano l'alcol. Se vuoi raggiungere questo stato devi imparare a farcela senza alcolici. E non lo dico come forma di moralismo spicciolo, ma per un motivo molto preciso. Se impari a raggiungere questo stato con l'alcol, avrai sempre bisogno dell'alcol per rimanere concentrato. E chi è stato ubriaco almeno una volta nella sua vita sa bene che essere concentrati da ubriachi è difficilissimo. Insegnerai al tuo corpo che l'unico modo per restare attento e vivere il momento è prenderti una bella sbronza. Il che è assolutamente inutile.

RIEPILOGO DEL CAPITOLO 2:

- SEGRETO n. 6: La zona grigia è una forma di multitasking molto sottile ed estremamente dannosa. È quella zona mentale che ti impedisce di rimanere concentrato su una singola attività.
- SEGRETO n. 7: Impara a riconoscere quando la tua mente entra nella zona grigia. Con un po' di pratica, vedrai che diventerà una cosa molto facile.
- SEGRETO n. 8: Sfrutta il metodo della parola chiave come sveglia per uscire dalla zona grigia e ritornare concentrato. Poco per volta, questo metodo, diverrà completamente automatizzato nella tua mente.
- SEGRETO n. 9: Impara a riconoscere le tue farfalle mentali e ad affrontarle. È la chiave per evitare la zona grigia molto più a lungo.
- SEGRETO n. 10: Utilizza il timer come strumento per accendere e spegnere la tua attenzione, eliminando così pensieri e preoccupazioni superflue dalla tua mente.

CAPITOLO 3:
Come allenare la concentrazione

Una volta che hai imparato come trovare la giusta motivazione e come recuperare la concentrazione quando la perdi, è il momento di imparare come allenarti in modo da restare sempre concentrato su ciò che fai.

I limiti della concentrazione

La concentrazione ha dei limiti. Puoi rimanere concentrato su una sola attività fino a 40/45 minuti. Dopodiché la tua attenzione tende naturalmente a diminuire. È un dato di fatto, e l'unico modo per aumentare questi tempi è fare molta meditazione ogni giorno.

Caso mai volessi approfondire una ricerca a riguardo, esiste un bellissimo studio neurologico (piuttosto tecnico) dal titolo *How God Changes your Brain* (non sembra essere disponibile al momento una traduzione in Italiano).

Piuttosto che tentare di aumentare i tuoi limiti, devi imparare a dividere la tua giornata e le tue attività in blocchi di 50 minuti. Per i primi 40 ti dedichi all'attività semplicemente che vuoi svolgere, e negli utlimi 10 stacchi la spina ed entri nella zona grigia.

Sì, va bene entrare nella zona grigia, **ma solo in questi 10 minuti**. Del resto la zona grigia è "soporifera", perfetta per rilassarsi e resettare la concentrazione. Una volta passati i 10 minuti, ricominceranno i 40 minuti in cui devi essere concentrato.

Questi 10 minuti sono estremamente importanti e, nonostante siano di riposo, non vanno assolutamente sottovalutati. In questi 10 minuti ridai energia alla tua concentrazione, in modo che tu possa farne uso per altri 40.

Se, anziché prendere i 10 minuti di pausa, ti sforzi di restare concentrato, la tua mente entrerà nella zona grigia automaticamente e sarà molto difficile farla uscire. Per questo molti studenti si stancano verso la fine dell'ora e recuperano la loro attenzione durante l'intervallo tra una lezione e l'altra, proprio perché la loro attenzione ha raggiunto il limite, così come capita a livello professionale, statisticamente la prima ora di lavoro è quella più produttiva.

SEGRETO n. 11: prendi l'abitudine di dividere la tua giornata in compartimenti stagni da 50 minuti, di cui 40 dedicati solo ad un'attività e 10 al relax e alla zona grigia.

Qualcuno potrebbe affermare che è un bene raggiungere i limiti dell'attenzione, così che possano essere ampliati. Purtroppo non è così che funziona: la concentrazione non è un muscolo, ma un'abilità e, come tale, non può essere allenata come si allenano la memoria o gli addominali.

Cercare di superare i limiti della concertazione non è dannoso, ma non porta neanche alcun beneficio. Utilizza il tuo timer sia per i 40 minuti, sia per i 10 minuti.

Il timer da cucina potrebbe non essere così veloce da riprogrammare e ti conviene tenerlo sui 40 minuti, calcolando manualmente con un orologio i 10 minuti di zona grigia.

Viceversa, con le applicazioni digitali, è molto rapido riprogrammare il timer per i 40 e i 10 minuti.

SEGRETO n. 12: usa il timer come supporto per rimanere in linea con i 40 e i 10 minuti in cui dividerai i momenti della tua giornata.

Un piccolo consiglio extra

Di recente ho creato un [videocorso sulla gestione dello stress](#) che ha riscosso molto successo. Durante la preparazione del corso, incappai in una mappa infografica molto interessante (le mappe infografiche sono semplici immagini che riassumono grandissime quantità di dati riguardanti una specifica tematica). Questa mappa, che puoi trovare [a questo indirizzo](#), s'intitola *Sitting is killing you*, stare seduto ti sta uccidendo.

In questa mappa, tra i vari dati, viene detto che:
- stare seduto abitualmente per più di 6 ore al giorno aumenta del 40% le probabilità di morire entro 15 anni;
- stare seduti fa ingrassare perché l'attività elettrica nelle gambe viene ridotta, gli enzimi che aiutano a smaltire il grasso

vengono ridotti del 90% e viene consumata solo una caloria al minuto;
- l'insulina diminuisce di efficacia, aumentando i rischi di diabete;
- aumentano fino a due volte i rischi di malattie cardiovascolari.

Perché ho tirato fuori queste informazioni? Perché so per certo che molti lettori di questo corso sono persone che hanno una vita piuttosto sedentaria. Io stesso, lavorando tramite internet, passo molto tempo seduto.

Dato che ogni 40 minuti di lavoro ne hai 10 di pausa, cerca di farne un ottimo uso. Non usarli per giocare ai videogiochi online (che sono una delle cause principali del multitasking) o per navigare online (altro multitasking).

Usa questi 10 minuti per alzarti dalla sedia e per muoverti. Non devi necessariamente fare ginnastica. Semplicemente alzati e cammina per 10 minuti. Così, in un colpo solo, recuperi la tua concentrazione e riduci gli effetti negativi della sedentarietà.

Meditazione quotidiana

Un buon modo per allenare la tua capacità di mantenere attiva la concentrazione per 40 minuti senza dover utilizzare le strategie del Capitolo 2 consiste nel fare un po' di meditazione giornaliera. Come ti ho detto all'inizio di questo capitolo, per aumentare i tempi di attenzione servono anni di pratica meditativa.

Questo esercizio non ha lo scopo di farti aumentare i tempi di attenzione, ma solo di aiutarti a mantenere la concentrazione attiva più a lungo. Ogni giorno, per 20 minuti, fai della meditazione. Ti consiglio di farla subito dopo pranzo, al posto del caffè.

Meditare è molto semplice (almeno sulla carta): per 20 minuti, devi semplicemente stare seduto o sdraiato con gli occhi chiusi e tenere la mente sgombra da qualsiasi pensiero. Dico che è semplice sulla carta perché, all'atto pratico, ti verranno in mente un sacco di pensieri, soprattutto le prime volte.

Ma ecco un piccolo trucco per semplificarti la vita: quando inizi a meditare, conta 100 respirazioni e concentrati solo sul conteggio.

Vedrai che, facendo così, arriverai a 100 e sentirai di meno il bisogno di pensare a qualcos'altro. La meditazione è una buona sostituta del caffè per un motivo molto semplice: dopo pranzo tendiamo a sentirci stanchi. Questo perché il nostro corpo ha bisogno di dare energia all'apparato digerente.

Il caffè serve proprio a evitare questa sensazione di sonno. Se, anziché cercare di eliminare questa sensazione, la assecondiamo con la meditazione, che nel pomeriggio saremo ancora "freschi come rose".

SEGRETO n. 13: per rafforzare la tua capacità di concentrazione, fai meditazione 20 minuti al giorno dopo pranzo al posto del caffè.

Caffeina ed energy drink
In questi ultimi anni i Mass Media ci hanno martellato con slogan quali: «*Gli energy drink stimolano la mente ma anche il corpo*». In realtà, tutte queste sostanze danno una scarica di energia temporanea, ma non è assolutamente vero che aumentano la concentrazione e i tempi di attenzione come molte pseudo

ricerche scientifiche hanno dichiarato.

Infatti, hanno proprio l'effetto contrario: ti danno una carica di energia fisica e ti fanno stare sveglio più a lungo, ma non ti aiutano a uscire dalla zona grigia.

Hai l'impressione di esserne fuori, perché hai molta energia in corpo. Ma diventi iperattivo e nel giro di pochissimi minuti la tua mente non è più in grado di rimanere fissa su un solo argomento. Sto forse dicendo che gli energy drink sono da evitare? No! Io stesso ne faccio uso, soprattutto quelle sere in cui sono molto stanco.

Il punto è questo: va bene usarli, almeno a mio avviso, quando devi svolgere attività che non richiedono concentrazione. Se proprio sei stanco a metà giornata, fai dell'esercizio fisico. Bastano 30 minuti di esercizio fisico per eliminare la stanchezza mentale e fisica.

Musica
La musica è un'arma a doppio taglio: può essere un fantastico

supporto alla tua concentrazione o una terribile distrazione. E il tutto è molto soggettivo. Sicuramente, la musica che distrae sempre è quella piacevole da cantare. Quando vuoi stare concentrato, non ascoltare canzoni facili da cantare, altrimenti rischi di perdere l'attenzione.

Scegli dei brani strumentali lenti che ti piacciano ma che non ti distraggano e non spostino la tua concentrazione dal tuo compito alla musica. Questa musica può essere utile soprattutto quando ti trovi a lavorare in un luogo molto rumoroso, in cui è facile perdere la concentrazione.

Non sentirti obbligato a usare la musica come supporto. Io stesso, molte volte, non ascolto nulla mentre lavoro. Quando lo faccio è perché so che ci sono rumori in grado di distrarmi, fuori dal mio controllo.

In ogni caso valuta ciò che è meglio per te: con o senza musica. Se vedi che con la musica ti distrai, semplicemente non ascoltarla. Se invece non ti distrae, sentiti libero di utilizzarla come supporto alla tua concentrazione.

SEGRETO n. 14: valuta se la musica ti aiuta a rimanere concentrato più a lungo oppure no. Se ti aiuta, scegli un elenco di canzoni da usare per concentrarti. In caso contrario evita la musica durante le tue sessioni di lavoro.

Mangia la tua prima rana
Non voglio suggerirti un cambio di dieta, né di leccare rospi californiani per rimanere concentrato.

C'è un libro di Brian Tracy che si intitola *Eat that frog* (dall'inglese: *mangia quella rana*), di cui non sono riuscito a trovare un'edizione italiana. In questo libro Tracy dà consigli su come gestire meglio il tempo e aumentare la produttività. Il titolo però deriva da un concetto molto importante, spesso sottovalutato dagli altri corsi di gestione del tempo.

Nel libro Tracy dice che ogni mattina, come prima cosa, devi mangiare la tua rana quotidiana. Con rana quotidiana intende il lavoro più tedioso e "disgustoso" della giornata. Quindi, ogni giorno, per prima cosa, stabilisci qual è il lavoro più antipatico che dovrai fare. Quello sarà il primo lavoro della giornata.

La cosa che ho notato è che, se svolgi per primo il lavoro più antipatico o difficile della giornata, ti sarà molto più facile stare concentrato mentre fai gli altri.

Lo stesso avviene per il contrario. Se come prima attività della giornata fai qualcosa di tranquillo e rilassante (giocare ai videogiochi, chiacchierare con gli amici, perdere tempo su Facebook ecc.), nel corso della giornata ti sarà difficilissimo rimanere concentrato sui lavori più seri. È come se la prima attività che svolgi determinasse il tono della giornata.

Come allontanare il fantasma della procrastinazione
Spesso e volentieri non riusciamo a iniziare un'attività non per mancanza di concentrazione, ma per semplice procrastinazione. La procrastinazione, ossia l'arte di rimandare, è un'abilità che abbiamo imparato sui banchi di scuola. «Vuoi studiare?» «No, lo faccio più tardi, adesso devo guardare la TV». Suona famigliare?

Non c'è da stupirsi: la scuola è mal strutturata e alimenta questi atteggiamenti. Ovviamente la scuola non è l'unica: anche il mondo del lavoro ci sprona a comportarci così. Quante persone, di fronte a un lavoro rognoso, fanno di tutto per rimandarlo fino all'ultimo secondo? È una cosa assolutamente normale. Anzi, in certi ambienti viene addirittura elogiato questo comportamento negativo.

Spesso però le persone che procrastinano sono le stesse che ritengono di non essere capaci di concentrarsi. Come hai visto in tutto questo corso, non è per niente difficile concentrarsi, soprattutto quando hai la giusta motivazione. E allora perché procrastiniamo? I motivi sono tanti e sono quasi tutti legati alla paura.

Però non è questo lo spazio per parlare di paura. A quello ho dedicato un intero corso dal titolo *Dalla Paura al Coraggio*. Ciò di cui voglio parlarti è il modo più rapido per eliminare la procrastinazione.

Quando ti trovi davanti a un'attività che sai di dover fare ma che non vuoi fare, semplicemente fai un respiro profondo, accetta il fatto che devi farla e inizia a farla. Non pensare alle conseguenze del farlo né a quelle del non farlo.

Svuota la mente e inizia a fare andare le mani (o i piedi). Vedrai che, dopo i primi minuti di resistenza, la concentrazione arriverà spontaneamente. Sarà più difficile mantenerla, ma con le tecniche che hai imparato in questo corso sarà possibile.

Ti sembra banale? Non hai idea di quante volte questo semplice sistema ha eliminato la procrastinazione e mi ha permesso di agire e di fare.

Nel caso il metodo non dovesse piacerti, ti consiglio di guardare questo vecchio articolo, in cui spiego un metodo in quattro passi molto efficace per stanare la procrastinazione. È anche un ottimo sistema per alzarti la mattina, soprattutto nelle giornate invernali in cui il caldo del letto diventa irrinunciabile.

Non è un caso che, se la mattina non ti alzi subito dal letto, tutto il giorno avrai problemi a concentrarti. Questo perché la tua prima attività, anziché essere la più antipatica, sarà quella più comoda, ossia restare a letto.

SEGRETO n. 15: per prima cosa, ogni mattina, svolgi per

prima l'attività più antipatica e noiosa. È una cosa fastidiosa, è vero, ma aiuta tantissimo la tua concentrazione.

Il bisogno del tutto e subito
Oltre al bisogno del multitasking e della procrastinazione, la nostra società ha instillato in noi un altro bisogno, quello del *tutto e subito*. Se facciamo una cosa, vogliamo vedere i risultati subito. Non domani o dopodomani, adesso.

È incredibile il modo in cui questo bisogno diventi una vera e propria ossessione. Ti faccio un esempio: come sai io mi occupo di marketing online. Vendo prodotti e mi occupo personalmente dell'assistenza clienti.

Qualche mese fa, intorno alla mezzanotte, una persona acquista un corso da me. Notare che il costo del corso è di 7 euro. Ovviamente a mezzanotte io non sono davanti al computer. E, se anche lo fossi, certamente non sarei disponibile per fare assistenza.

Sta di fatto che due ore dopo l'acquisto, questa persona mi manda un'email dicendomi di non aver ricevuto il corso. Passa un'altra ora e arriva un'altra email, con altre lamentele. Mezz'ora dopo arrivano le minacce di denuncia e una richiesta di risarcimento.

Tutto questo è avvenuto tra la mezzanotte e le 3 di mattina, mentre io dormivo. La mattina sono riuscito a far capire al cliente che il corso era arrivato, semplicemente l'email era stata bloccata dal filtro anti spam. Questa storia però (che non è unica nel suo genere) mi ha fatto capire alcune cose.

Anzitutto quanto il bisogno del tutto e subito ci spinga ad essere agitati e a pretendere troppo dal mondo ma non da noi stessi. Alimenta un comportamento infantile (vedi la psicologia di Berne), secondo cui il mondo ci deve tutto, ma noi non dobbiamo niente al mondo. Comportamento negativo e dannoso, sia per le persone che lo mettono in atto, sia per la società. In più ho pensato che una persona che si comporta così non è semplicemente in grado di stare fuori dalla zona grigia.

Mentre lavora o si diverte, sta continuamente pensando se gli è arrivata un'email di risposta o se il risarcimento è giunto. E più continua a covare questi pensieri, più s'innervosisce e meno riesce a concentrarsi. Impara ad avere pazienza e ad accettare il fatto che non tutte le cose sono immediate al mondo.

Non è un pensiero piacevole: anche a me piacerebbe che tutto ciò che faccio mi portasse risultati immediati, ma non è realistico. Ma se accetterai questo pensiero, ti sentirai molto più libero. Tutte quelle inutili preoccupazioni e tutte quei pensieri negativi se ne andranno via da soli.

Questa pazienza è molto importante soprattutto per chi fa allenamento. Se vai in palestra e fai un'ora di allenamento, non diventerai di colpo muscoloso. La procedura sarà lenta e ripetitiva. Ma chi è diventato effettivamente muscoloso sa che funziona. Si è fidato del fatto che, a forza di ripetere attività apparentemente inutili avrebbe ottenuto dei risultati. Molte delle attività che svolgerai non ti porteranno risultati nell'immediato. Accetta questo fatto. Sappi però che, a lungo termine, ti aiuteranno.

Se non pretendi di ottenere tutto e subito, riuscirai sempre ad essere più concentrato.

Rinforza il tuo cervello

La concentrazione è, come abbiamo visto, un'abilità. L'efficacia di questa abilità dipende da come la utilizzi e dalle condizioni in cui si trova il tuo cervello. Se la tua mente è stanca, sarà molto più difficile per te trovare la giusta concentrazione. Ecco quindi accorgimenti che puoi usare per semplificarti la vita.

In primo luogo migliora la qualità del tuo sonno. Quando dormi, tutti gli organi del tuo corpo si rigenerano. E questo include, ovviamente, anche il sistema nervoso. In più il sonno, pur preservando ancora molti misteri per le neuroscienze, ha sicuramente degli effetti benefici sul pensiero e sulla concentrazione.

Non ci credi? Prova a concentrarti quando non dormi da due giorni. Dormire male o non dormire affatto porta al decadimento del sistema nervoso e, se non si dorme per diverse settimane di fila, si rischiano danni permanenti al cervello o, nei casi peggiori, la morte. Per questo motivo è molto importante dormire con una certa regolarità. Nel mio corso *Dormire Bene Sognare Meglio* approfondisco, assieme al mio amico Gianluigi Ballarani, le migliori strategie per migliorare la qualità del tuo sonno.

Al tempo stesso, un ottimo modo per rafforzare il sistema nervoso centrale consiste nell'allenare la tua mente. Questo non influirà direttamente sulla concentrazione, ma ti faciliterà tantissimo nell'applicazione delle strategie che hai trovato all'interno di questo corso.

Quella di allenare la mente è un'abitudine che tutti dovremmo avere. Essa, infatti, aiuta a prevenire le forme di demenza cerebrale come il morbo di Alzheimer, che sopraggiungono con l'età. In più aumentano il tuo Q.I., incrementando così le tue capacità di ragionamento e la tua lucidità mentale. All'interno del mio corso *AllenaMente* trovi le tattiche più moderne ed efficaci per svolgere questo importantissimo allenamento.

REPILOGO DEL CAPITOLO 3:

- SEGRETO n. 11: Prendi l'abitudine di dividere la tua giornata in compartimenti stagni da 50 minuti, di cui 40 dedicati solo a un'attività e 10 al relax e alla zona grigia.
- SEGRETO n. 12: Usa il timer come supporto per rimanere in linea con i 40 e i 10 minuti in cui dividerai i momenti della tua giornata.
- SEGRETO n. 13: Per rafforzare la tua capacità di concertazione, fai meditazione 20 minuti al giorno dopo pranzo al posto del caffè.
- SEGRETO n. 14: Valuta se la musica ti aiuta a rimanere concentrato più a lungo oppure no. Se ti aiuta, scegli un elenco di canzoni da usare per concentrarti. In caso contrario evita la musica durante le tue sessioni di lavoro.
- SEGRETO n. 15: Per prima cosa, ogni mattina, svolgi per prima l'attività più antipatica e noiosa. È una cosa fastidiosa, è vero, ma aiuta tantissimo la tua concentrazione.

Conclusione

Spero che le informazioni racchiuse in queste pagine possano esserti state utili. Ti ricordo che, per ottenere i migliori risultati, devi mettere in pratica le strategie e i metodi che hai imparato. Vedrai che, se per 90 giorni, metterai in pratica e con costanza tutti i miei consigli, ci saranno grandissimi miglioramenti nella tua concentrazione e nella tua vita in generale.

Sfruttando al meglio la tua attenzione, riuscirai a raggiungere molti più obiettivi, a essere più produttivo, a goderti di più la vita e ad avere molto più tempo libero. Inizia sempre cercando la giusta motivazione. Come hai visto nel primo capitolo, la motivazione ti aiuta a concentrarti e a rimanere concentrato più a lungo.

Ricordati soprattutto di stare attento alla trappola del multitasking. Nonostante l'esercizio che ti ho proposto nel secondo capitolo, il multitasking è sempre in agguato. Ogni volta che compri un nuovo oggetto, ogni volta che conosci una persona nuova e ogni volta che avviene qualcosa nella tua vita, rischi di cadere in questa trappola.

Per questo impara, con calma, a diventare resistente e a fidarti del fatto che è molto meglio lavorare su una cosa per volta piuttosto che riempirti la testa e la vita di cose superflue.

Infine segui i consigli del terzo capitolo per automatizzare tutto. Pensare agli esercizi e ai suggerimenti che hai ricevuto va bene. Ma, man mano che li applicherai, diventeranno automatismi e li applicherai inconsciamente, senza bisogno di sforzare la tua mente. Ti invito, come forma di approfondimento, a registrarti alla mia newsletter gratuita sul portale i Segreti dei Geni. Tramite questa newsletter ti invierò, di volta in volta, strategie, consigli e omaggi che ti permettono di sfruttare al meglio il tuo potenziale intellettivo.

Grazie ancora per aver investito in questo corso e buon lavoro.

Enrico Sigurtà

www.ingramcontent.com/pod-product-compliance
Lightning Source LLC
Chambersburg PA
CBHW050918160426
43194CB00011B/2465